A2

Deutsch

Friederike Wilhelmi

Gefährlicher Ausflug

LEKTÜRE FÜR JUGENDLICHE
MIT AUDIOS ONLINE

Hueber Verlag

Cover: © Getty Images/iStock/Animaflora
Illustrationen: Cornelia Seelmann, Berlin

Einen kostenlosen MP3-Download zu diesem Titel finden Sie unter
www.hueber.de/audioservice.

Sprecher: Claus-Peter Damitz
Hörproduktion: Scheune München mediaproduction GmbH, 80797 München, Deutschland

4. 3. 2. | Die letzten Ziffern
2029 28 27 26 25 | bezeichnen Zahl und Jahr des Druckes.
Alle Drucke dieser Auflage können, da unverändert, nebeneinander benutzt werden.
1. Auflage

Umschlaggestaltung: Sieveking Agentur, München
Layout und Satz: Sieveking Agentur, München
Verlagsredaktion: Heike Birner, Hueber Verlag, München
GPSR-Kontakt: Hueber Verlag GmbH & Co. KG, Baubergerstraße 30,
80992 München, kundenservice@hueber.de
Druck und Bindung: Friedrich Pustet GmbH & Co. KG, Gutenbergstraße 8,
93051 Regensburg, technik@pustet.de
Printed in Germany
ISBN 978-3-19-298580-5

Art. 530_27876_001_02

Inhalt

Das Hörbuch zur Lektüre und die Tracks zu den Übungen stehen als kostenloser MP3-Download bereit unter www.hueber.de/audioservice.

Wer ist wer?

Marie ist 15 Jahre alt. Sie macht mit ihrer Familie Urlaub an der Nordsee. Sie liebt Ferien am Meer, das Wasser, den Strand. Aber nur in Italien. Dort ist das Essen besser und dort sind die Strände und vor allem die Jungs viel schöner, denkt sie.

Paul ist 17 Jahre alt. Auch er macht mit seinen Eltern Urlaub an der Nordsee. Er hat keine Geschwister, deshalb freut er sich sehr, dass er Marie und Tim kennenlernt. Er ist sehr neugierig und liebt Abenteuer.

Björn ist von Beruf Rettungsschwimmer. Er sitzt auf einem Hochstuhl am Strand und passt auf, dass nichts passiert. Wenn jemand im Wasser ein Problem hat, kommt er schnell und hilft. Er hat auch ein Boot. Mit dem Boot kann Björn Menschen helfen, wenn sie weit weg vom Strand sind.

---

das Abenteuer: ein aufregender Ausflug

der Rettungsschwimmer: er hilft bei gefährlichen Situationen im Wasser

das Boot: kleines Schiff

Tim ist der Bruder von Marie und acht Jahre alt. Er ist oft krank. Manchmal kann er nicht so gut atmen. Darum muss er in diesem Jahr einige Wochen an der Nordseeküste sein. Das Klima dort ist gut für die Lunge. Tim ist fast immer gut drauf.

Zeynep Schuster ist die Mutter von Marie und Tim. Sie kommt aus der Türkei und war noch nie im Norden von Deutschland. Deshalb freut sie sich besonders auf diesen Urlaub und möchte viele Sehenswürdigkeiten besichtigen.

---

atmen: wenn man Luft holt

die Lunge: man atmet mit der Lunge

01 Kapitel 1: Ein Meer ohne Wasser

Marie ist mit ihren Eltern und ihrem kleinen Bruder Tim an die Nordsee gefahren. Dort machen sie drei Wochen Urlaub, weil Tim Probleme mit seiner Lunge hat. Das Klima hier am Meer ist sehr gut für ihn.

Die Ferienwohnung ist okay, das Wetter ist auch gut, trotzdem freut Marie sich nicht. Sie würde viel lieber Urlaub in Italien machen. Dort waren sie in den letzten Jahren. Sie liebt das italienische Essen und die italienischen Jungs. Urlaub in Deutschland ist wie Kuchen ohne Zucker oder Handy ohne Internet: super langweilig!

Heute ist ihr erster Tag. Die Koffer haben sie schon ausgepackt und Papa musste mit dem Auto zur Werkstatt fahren, weil ein Licht kaputt ist.

Wollen wir an den Strand gehen?

Jaaaa! Jetzt gleich!

Und du, Marie? Kommst du mit?

Ja ja. Ich komme mit. Aber ich weiß ganz sicher, dass es mir nicht gefällt.

Wollen wir wetten? In einer Woche gefällt es dir hier.

---

wetten: wer recht hat, bekommt etwas von jemandem

Niemals! Um was wollen wir wetten?

Wer verliert, muss am Ende die Ferienwohnung allein putzen.

Das ist hart!

Hast du eine andere Idee?

Marie überlegt kurz. Sie weiß sicher, dass sie die Wette gewinnt. Dann hat sie langweilige Ferien, aber wenigstens muss sie am Ende nicht putzen.

Okay. Einverstanden.

Mama und Marie geben sich die Hände. Jetzt ist die Wette fest ausgemacht. Tim lacht.

Die Wette gefällt mir! Ich muss nicht putzen, egal wer gewinnt.

Sie brauchen nur 5 Minuten zum Strand. Dort ziehen sie sich die Schuhe aus und laufen weiter. Mit den Füßen auf dem Sand – das ist schön! Die Menschen liegen hier nicht auf ihren Handtüchern am Strand, wie in Italien, sondern

---

überlegen: denken

die Wette: wenn man wettet

der Sand: → S. 5

sie sitzen in Strandkörben. Das sieht gemütlich aus, denkt Marie, aber sie sagt nichts. Auf keinen Fall will sie zeigen, wenn ihr etwas gefällt.

Wo ist denn das Wasser?

Marie schaut in die Richtung, wo eigentlich das Meer sein muss. Aber da ist nichts! Nur grauer, schmutziger Matsch.

Gibt es denn hier kein Wasser?
Das ist ja schrecklich!

Plötzlich hören sie ein Lachen. Es kommt von oben. Marie schaut hoch. Sie stehen neben einem Hochstuhl. Auf dem sitzt ein Mann. Der lacht und schaut zu Mama, Marie und Tim runter.

Zum ersten Mal hier?

Ja, warum?

Weil ihr nicht wisst,
wo das Wasser ist.

Der junge Mann steigt von seinem Hochstuhl.

---

der Strandkorb: → S. 5

schauen: sehen

die Richtung: dorthin geht/zeigt/schaut man

der Matsch: er ist nass und weich

Björn steigt auf seinen Hochstuhl und kommt mit einem Poster wieder zurück. Er legt es in den Sand. Darauf sind die Erde, der Mond und viele andere Sachen zu sehen.

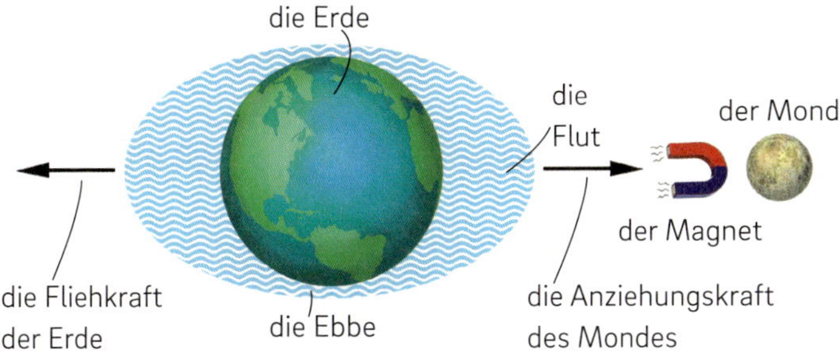

Hier in der Mitte ist die Erde. Hier wohnen wir. Und das ist der Mond. Der ist wie ein Magnet. Er zieht das Meerwasser an. Deshalb gibt es direkt unter dem Mond auf der Erde immer einen kleinen Wasserberg.

Und der Mond bewegt sich, also bewegt sich das Wasser auch?

Richtig. Und jetzt kommt noch etwas: Nicht nur der Mond bewegt sich um die Erde. Die Erde dreht sich auch um sich selbst. Und das Wasser dreht sich mit.

Wirklich? Das Wasser dreht sich?

Ja. Wenn du ein Glas Wasser mit deiner Hand immer im Kreis bewegst, bewegt sich das Wasser auch. Das nennt man Fliehkraft. Das Meerwasser auf unserer Erde ist also immer in zwei Richtungen in Bewegung: weil sich die Erde um sich selbst dreht, und weil sich der Mond um die Erde bewegt.

Deshalb ist das Wasser manchmal hier am Strand und manchmal nicht?

---

der Magnet,
die Fliehkraft:
→ S. 9

anziehen:
zu sich ziehen

sich drehen:
sich im Kreis herumbewegen

Genau. Wenn es hier ist, nennt man das Flut und wenn es weg ist, nennt man es Ebbe.

Dann haben wir also jetzt Ebbe?

Ja.

Und der graue Matsch ist der Boden unter dem Meer?

Genau. Das ist der Meeresboden. Wir nennen es das Watt.

Und wann kommt die Flut?

Björn schaut auf seine Uhr. Dann holt er einen Zettel aus seiner Hosentasche und liest.

In genau 3 Stunden und 45 Minuten.

Oh, das ist zu spät. Wir kommen morgen wieder. Und jetzt essen wir ein Eis. Vielen Dank, Björn!

Gern. Einen schönen Tag noch. Bis morgen.

---

die Ebbe, die Flut:
→ S. 9

der Boden:
darauf gehen wir

das Watt:
→ S. 5

Sie müssen in den kleinen Ort nur zehn Minuten zu Fuß gehen. Jeder sucht sich ein Eis aus und sie setzen sich auf eine Treppe. Hier sitzen schon einige Menschen. Sie lachen, trinken und essen. Einer spielt Gitarre und singt. Es ist eine super Stimmung. Sogar Marie gefällt es hier, aber das sagt sie wieder nicht, weil sie die Wette nicht verlieren will.

Ich muss mal auf die Toilette.

Okay. Ich komme mit dir. Kommst du mit, Marie?

Nein, ich bleibe hier sitzen.

Mama und Tim gehen. In dem Moment kommt ein Junge. Er setzt sich auch mit seinem Eis auf die Treppe. Er sieht super aus, denkt Marie. Und er hat ein nettes Grübchen am Kinn.

Hallo. Bist du allein hier?

Nein. Ich mache Urlaub mit meiner Familie. Du?

Ich auch. Wir sind zum ersten Mal an der Nordsee.

Wir auch. Wir sind gerade erst angekommen.

---

gute Stimmung: wenn man Spaß hat

das Grübchen, das Kinn: → S. 28

Das ist ja lustig! Wir auch. Wenn du magst, machen wir morgen was zusammen. Ich heiße Paul.

Gute Idee. Ich bin Marie.

Marie isst ihr Eis weiter. Ihr ist ganz warm geworden und das kalte Eis tut gut. Hoffentlich werde ich nicht rot, denkt sie.

Mama und Tim kommen zurück.

Komm Marie. Papa hat gerade angerufen. Das Licht ist repariert und er hat Abendessen eingekauft.

Morgen um zehn Uhr am Strand?

Um zehn. Okay.

Nach dem Abendessen geht die Familie früh ins Bett. Die Reise war lang und alle sind müde. Nur Marie kann nicht einschlafen. Sie ist aufgeregt. Morgen trifft sie Paul. Vielleicht wird der Urlaub ja doch nicht so langweilig.

02 Kapitel 2: Am Strand

Am nächsten Morgen. Alle haben gefrühstückt außer Papa. Der liegt noch im Bett.

Gehen wir jetzt zum Strand?

Nein, wenn Papa wach ist, fahren wir in die Stadt. Wir müssen Essen kaufen und ich möchte gern in ein Museum gehen.

Oh nein! Das ist langweilig! Kann ich hierbleiben und zum Strand gehen?

Ja natürlich.

Ich will auch zum Strand. Bitte! Einkaufen ist langweilig!

Eigentlich würde Marie lieber allein zum Strand gehen. Aber das kann sie natürlich nicht sagen. Sie mag ihren kleinen Bruder. Und wer weiß, vielleicht kommt Paul nicht und dann wäre sie allein. Auch blöd.

Na gut. Dann geht zum Strand.

Du bist die Beste!

Marie und Tim packen ihre Badesachen ein und gehen zum Strand.

Dort mieten sie sich einen Strandkorb. Es ist schon wieder Ebbe. Ein Meer ohne Wasser. Marie schaut auf ihr Handy. Noch eine halbe Stunde, dann kommt Paul.

Weißt du, wann Flut ist? Ich möchte gern schwimmen.

Keine Ahnung.

Ist auch egal. Dann sammle ich Muscheln.

Marie setzt sich in den Strandkorb und holt ihren kleinen Spiegel aus der Hosentasche. Den hat sie mitgenommen, weil sie einen Pickel auf der Nase hat. Sie schaut in den Spiegel. Der Pickel ist noch größer geworden. Am liebsten würde sie ihn wegmachen, aber dann ist ihre Nase rot. Das will sie auf keinen Fall. Also lässt sie den Pickel in Ruhe, steckt den Spiegel wieder in die Hosentasche und nimmt ihr Buch. Aber sie liest nicht. Sie hält das Buch vor ihre Nase und schaut vorsichtig, ob sie Paul irgendwo sieht. Da kommt er. Wie gut er aussieht, denkt Marie und ihr Herz schlägt schneller.

Hallo Marie.

Hallo Paul.

---

die Muschel: → S. 21

der Spiegel: darin kann man sich sehen

der Pickel: roter Punkt auf der Haut

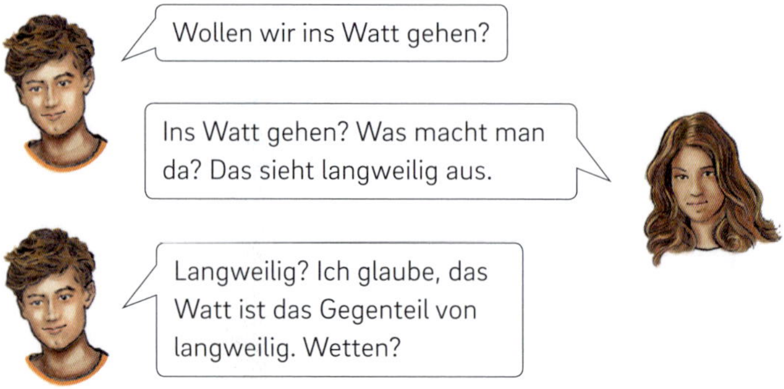

Marie möchte keine Wette mehr machen. Davon hat sie genug.

Die drei machen sich auf den Weg. Kurz vor dem Watt steckt ein Schild im Sand. Sie bleiben stehen und lesen.

---

der Seehund: → S. 21

das Schild: → S. 17

Was ist denn ein Priel?

Ich weiß es nicht genau. Ich glaube, das ist wie ein Fluss im Watt.

Ein Fluss im Watt? Warum muss man da vorsichtig sein?

Weil da die Strömung so stark ist. Steht doch da.

Dann schwimmen wir nicht in den Prielen. Ganz einfach! Wohin gehen wir?

Immer geradeaus.

die Strömung: Wasser, das sich sehr schnell in eine Richtung bewegt

03

Kapitel 3: Auf zu den Seehunden

Sie gehen geradeaus. Immer weiter und weiter. Es ist herrliches Wetter und die Landschaft ist wie ein Traum. Nur wenige Menschen gehen im Watt spazieren. Sonst ist nichts zu sehen. Nur der blaue Himmel und das Watt, so weit man sehen kann. Und das Watt ist wie ein Spiegel. Es reflektiert die Sonne. Deshalb glänzt der ganze Boden wunderbar.

Das Watt ist doch der Meeresboden, oder?

Genau.

Das ist lustig. Bei Ebbe laufen hier Menschen und bei Flut schwimmen Fische.

Kommt, wir ziehen die Schuhe aus.

Sie ziehen sich alle drei die Schuhe aus. Ohne Schuhe gehen sie weiter. Unter ihren Füßen ist das Watt. Es fühlt sich gut an, so weich und warm.
Marie schaut vorsichtig zu Paul. Sie mag seine braunen Haare und am Kinn hat er ein Grübchen, wie Tim. Papa sagt immer, dass Gott vorsichtig mit dem Finger in das Kinn gedrückt und dann gesagt hat: „Du bist ein glücklicher Mensch."

reflektieren: wie in einem Spiegel zeigen

glänzen: sehr hell sein

sich anfühlen: man kann es fühlen

der Gott: Religionen sagen: er hat die Welt und die Menschen gemacht

Ich mag dein Grübchen.

Meine Mutter sagt immer, dass Menschen mit einem Grübchen am Kinn glücklich sind.

Marie muss lächeln.

Und? Bist du glücklich?

Eigentlich schon. Und im Moment besonders.

Er lächelt und schaut Marie an. Ihr Herz klopft ganz schnell. Er findet mich gut, denkt sie. Und ich mag ihn auch. Das könnte der Anfang einer schönen Geschichte sein.
Sie gehen weiter. Manchmal berühren sich ihre Hände und Maries Herz klopft immer schneller.
Plötzlich zeigt Paul nach vorne und ruft:

Seehunde!

Tatsächlich! Ganz weit hinten ist eine Sandbank und darauf liegen viele Seehunde gemütlich in der Sonne. Marie und Tim haben noch nie Seehunde gesehen.

---

lächeln: ein freundliches Gesicht machen

berühren: Kontakt mit der Haut haben

die Sandbank: → S. 28

Seehunde! Toll! Gehen wir hin?

Warum nicht?

Ist das nicht zu gefährlich?
Weißt du, wann die Flut kommt?

Nein. Aber ich sehe noch kein Wasser.
Das dauert bestimmt noch lange.

Kommt, lasst uns rennen.

Marie nimmt Tim und Paul an ihre beiden Hände und sie rennen los. Alle drei. Marie in der Mitte. Pauls Hand fühlt sich gut an, denkt sie. So schön warm. In dem Moment lässt Tim Maries Hand los und rennt schneller. Er möchte der Erste bei den Seehunden sein. Marie und Paul bleiben allein zurück. Hand in Hand. Sie gehen wieder langsam. Marie atmet schwer. Aber nicht, weil sie gerannt ist. Sie möchte gern etwas sagen, aber sie weiß nicht was. Das macht sie nervös.

Es ist so schön hier. Es ist
sooooo schööööööön hier!

Marie lacht und macht mit. Sie rufen ganz laut zusammen:

---

rennen: schnell laufen

loslassen: die Hand wegnehmen

Jetzt bleibt Paul stehen und dreht sich zu Marie.

Sie schauen sich in die Augen. Marie merkt, wie Amors Pfeil sie mitten ins Herz trifft. Jetzt ist es passiert. Sie ist verliebt.

Marie wird total heiß. Sie fühlt das Blut in ihrem Gesicht. Wahrscheinlich bin ich schon total rot, denkt sie.

Amor: römischer Gott der Liebe

Amors Pfeil trifft mitten ins Herz: sich verlieben

Komm, gehen wir weiter.

Und sie gehen weiter. Hand in Hand und noch ein bisschen glücklicher.

Plötzlich hören sie einen Schrei! Tim! Er sitzt im Matsch und schreit laut.

Aua! Aua! Es tut so weh. Aua! Marie. Marie!

Marie und Paul rennen so schnell sie können zu ihm. Tim sitzt auf dem Boden und hält sich den Fuß mit beiden Händen.

Oh weh! Was ist passiert?

Paul zeigt auf eine Muschel.

Bist du auf die Muschel getreten?

Ich glaube ja. Aua, es tut so weh.

Marie schaut sich den Fuß an.

Es blutet nur ein bisschen, Tim.
Es ist nicht so schlimm.

---

der Schrei: lautes Rufen

schreien: laut rufen

treten: mit dem Fuß auf etwas kommen

Nimm meine Hand. Ich helfe dir.

Paul hilft Tim nach oben. Jetzt steht Tim auf einem Bein.

Kannst du laufen?

Tim versucht es. Er geht ganz langsam und humpelt.

Es tut weh.

Dann rufe ich
jetzt Mama an.

Marie holt ihr Handy aus ihrer Hosentasche.

Ich habe keinen Empfang.
Paul, hast du ein Handy?

Paul zeigt auf seine Badehose.

Keine Tasche, kein Handy.

Wenn wir langsam
laufen, geht es.

---

humpeln: schlecht laufen

Wir sollten unsere Schuhe wieder anziehen. Die Muscheln sind scharf wie Messer.

Marie und Paul ziehen sich die Schuhe wieder an. Danach hilft Marie ihrem Bruder in die Schuhe.

Tim, halt dich an mir fest. Wir gehen am besten wieder zurück.

Aber die Seehunde! Ich will doch die Seehunde sehen.

Wir müssen zurück. Bald kommt die Flut und du kannst nur langsam laufen.

Dann gehen wir aber morgen zu den Seehunden, okay?

Versprochen.

Kapitel 4: Die Flut kommt

Sie gehen langsam, sehr langsam. Der Strand ist noch weit weg. Die vielen Strandkörbe sehen aus wie kleine, bunte Punkte. Tim humpelt in der Mitte, rechts hält er sich an Maries Arm fest, links an Pauls Arm. Marie schaut in alle Richtungen.

Es geht keiner mehr spazieren. Wo sind sie alle?

Die liegen wahrscheinlich schon wieder am Strand in der Sonne.

Komm Tim, wir müssen ein bisschen schneller gehen. Es kommt bestimmt bald die Flut.

Ich kann nicht. Der Fuß tut weh.

Dann hüpfe auf einem Bein. Wir halten dich fest.

Ich sehe noch kein Wasser. Ich glaube nicht, dass wir uns beeilen müssen.

Trotzdem sollten wir schnell machen. Wir sind hier ganz allein. Das finde ich unheimlich.

---

hüpfen: mit einem Bein gehen

unheimlich: wenn man ein bisschen Angst hat

Und so gehen sie weiter. Tim hüpft auf einem Bein und Marie und Paul halten ihn von beiden Seiten fest. Plötzlich fühlen sich Maries Füße anders an. Sie schaut nach unten.

Da ist Wasser an meinen Füßen.

Ist das die Flut?

Ich glaube schon. Komm, Tim, ich trage dich ein paar Meter.

Paul nimmt Tim huckepack.

Schaut euch das an! Die Flut kommt total schnell. Das Wasser geht mir schon bis zu den Knöcheln.

Tatsächlich. Man kann richtig sehen, wie das Wasser fließt und steigt. Als hätte jemand den Wasserhahn in der Badewanne aufgedreht. Nur leider sind sie nicht in einer Badewanne, sondern in der Nordsee. Aus der kann man nicht so einfach aussteigen.

Wir müssen rennen.

Mit Tim auf meinem Rücken kann ich nicht schnell rennen.

---

huckepack: → S. 28

der Knöchel: → S. 28

fließen: Wasser kommt

Wasserhahn: aus ihm fließt das Wasser im Badezimmer

Versuche es.

Sie rennen. Paul atmet schwer. Das Wasser geht ihnen jetzt schon bis zu den Waden. Das macht das Laufen schwierig, weil es viel Kraft kostet. Dann plötzlich geht es nach oben, als würden sie auf einen kleinen Berg laufen. Und dann ist es wieder trocken. Kein Wasser mehr.

Wir sind auf einer Sandbank.

Oh weh, bei Sandbänken sind doch auch Priele, oder?

Ja, wahrscheinlich.

Und in den Prielen darf man nicht schwimmen wegen der Strömung. Langsam bekomme ich Angst.

Das musst du nicht, Tim. Wir schaffen das.

Sie gehen weiter. Plötzlich geht es wieder nach unten. Nur ein Schritt, schon geht ihnen das Wasser bis zu den Knien. An den Beinen fühlen sie die Strömung. Es fühlt sich an, als würde das Wasser die Beine mitnehmen wollen. In dem Moment rutscht Marie aus und fällt ins Wasser. Paul kann gerade noch ihre Hand halten und zieht sie zurück auf die Sandbank.

---

die Wade, das Knie: → S. 28

der Schritt: mit dem Fuß einmal gehen

ausrutschen: fallen

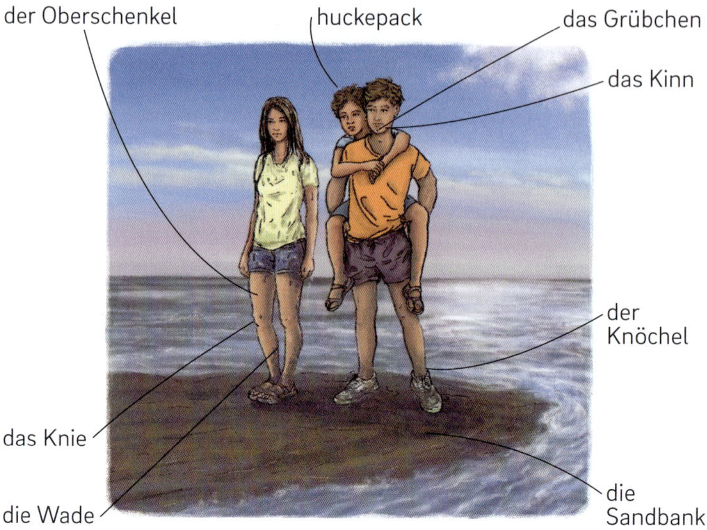

Marie ist von oben bis unten nass. Doch das ist ihr egal. Sie hat die Strömung gefühlt. Wenn Paul sie nicht gehalten hätte, hätte das Wasser sie mitgenommen. Jetzt bekommt Marie auch Angst. Aber sie sagt nichts, weil sie Tims Angst nicht schlimmer machen möchte.

Hier können wir nicht weiter.

Aber wir müssen. Der Strand ist da vorne.

Die Strandkörbe sind jetzt keine Punkte mehr, aber sie sind noch sehr weit weg. Paul lässt Tim von seinem Rücken runter.

Wir können um Hilfe rufen.

---

die Hilfe: wenn jemand oder etwas hilft

Und das machen sie. Ganz laut. Alle zusammen.

Hilfe! Hilfe! Hiiilfeee!

Es klappt nicht. Der Wind kommt vom Strand. Er trägt unsere Stimmen in die falsche Richtung.

Passt auf. Ihr bleibt hier. Ich schwimme durch den Priel und hole Hilfe.

Aber wir dürfen nicht durch den Priel schwimmen! Das ist gefährlich.

Das weiß ich. Aber ich habe keine andere Idee und wir dürfen nicht so viel Zeit verlieren. Die Flut kommt sehr schnell.

Paul geht vorsichtig ins Wasser. Schritt für Schritt, immer tiefer.

Marie und Tim halten sich an den Händen. Tim flüstert ganz leise:

Ich habe Angst.

Das brauchst du nicht. Paul holt doch Hilfe.

Jetzt geht Paul das Wasser bis zum Bauch. Er dreht sich zu den anderen und ruft:

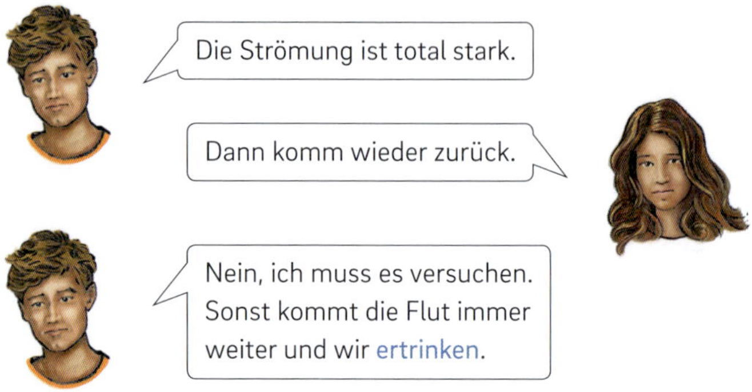

Und er schwimmt. Sofort treibt ihn die Strömung nach links – weg vom Strand.

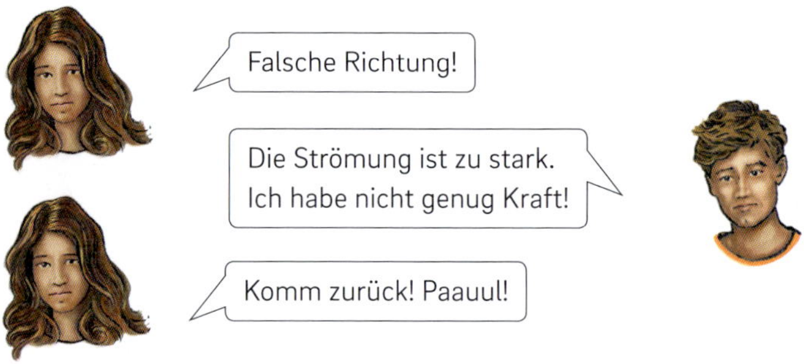

Doch Paul antwortet nicht. Er wird immer weiter weggetrieben.

Marie und Tim rufen und rufen. Doch Pauls Kopf wird kleiner und kleiner, bis sie ihn nicht mehr sehen.

---

ertrinken: im Wasser sterben

treiben: die Strömung nimmt etwas mit

Kapitel 5: SOS

Marie hört Tim neben sich weinen. Am liebsten würde sie auch weinen. Aber sie beherrscht sich.

Muss Paul sterben?

Tim weint jetzt laut und Marie weint auch fast. Aber sie weiß, dass Weinen und Panik in dieser Situation keine Hilfe sind. Ruhig bleiben, sagt sie zu sich selbst. Ganz ruhig bleiben.

Nein. Er wird nicht sterben.

Sie sagt diesen Satz, aber sie weiß natürlich nicht, ob das stimmt. Denken, Marie! Du musst jetzt eine Idee haben. Sie holt ihr Handy aus der Hosentasche. Vielleicht hat sie ja hier Empfang.

Warum ist denn das Handy aus?

Es war in deiner Tasche, als du ins Wasser gefallen bist.

Oh nein!

Sie drückt überall. Nichts! Der Bildschirm bleibt schwarz.

---

sich beherrschen: wenn man etwas tun will, es aber nicht tut

die Panik: große Angst

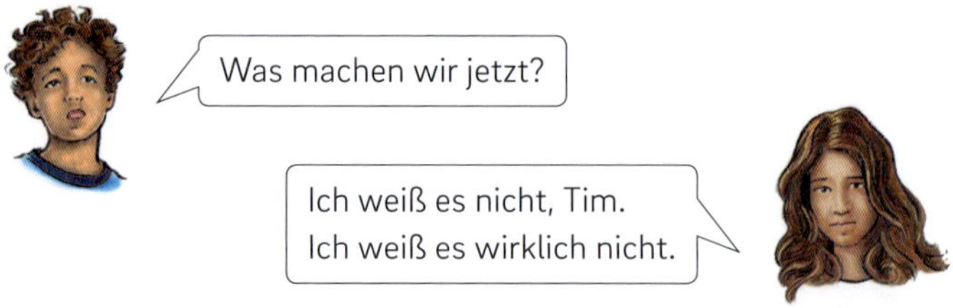

Marie sieht das Bild vor sich, wie Pauls Kopf immer kleiner wird. Die Panik macht sich in ihrem Körper breit. Jetzt ist das Wasser sogar auf der Sandbank schon bis zu ihren Knöcheln gestiegen.

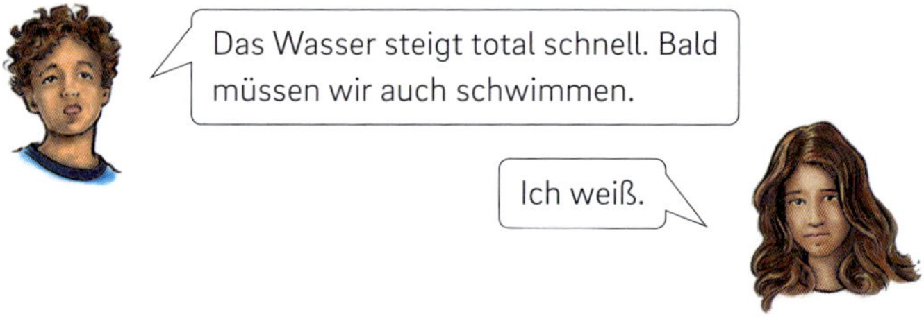

Sie rufen und rufen immer wieder. Das Wasser steigt und steigt immer höher. Nach kurzer Zeit ist das Wasser schon bei Maries Knien und Tims Oberschenkeln.

---

der Oberschenkel: → S. 28

Marie, mir ist kalt.

Uns muss etwas einfallen.

Mir fällt aber nichts ein.

Kannst du Björn sehen?

Nein, er ist zu weit weg.

Sie hüpfen und winken mit den Armen und schreien:

Björn! Bjööörn, Bjöööööööörn!!!

Doch er ist zu weit weg. Marie kann nicht mehr. Das Wasser ist weiter gestiegen. Sie friert jetzt auch.

Der Spiegel! Du hast doch deinen kleinen Spiegel in der Hosentasche. Den für deine Pickel.

Tim, du bist super! Das ist DIE Idee!

---

winken: mit der Hand grüßen

frieren: das tut man, wenn es kalt ist

Schnell holt sie den Spiegel aus ihrer Hosentasche und hält ihn so, dass er die Sonne zum Strand reflektiert. Es klappt. Sie sehen den hellen Punkt.

Ein bisschen weiter nach rechts.

Okay.

Marie bewegt den Spiegel etwas weiter nach rechts.

Ja genau. Warte. Ich mache das SOS-Morsezeichen.

Kennst du das?

Klar, das habe ich in der Schule gelernt. Dreimal kurz, dreimal lang, dreimal kurz.

Und Tim macht das SOS-Morsezeichen. Er hält seine Hand zwischen Sonne und Spiegel. Dreimal kurz, dreimal lang, dreimal kurz. Und noch einmal.

SOS: Hilfe

das Morsezeichen: so hat man früher Nachrichten geschickt

Dann plötzlich hören sie eine Lautsprecherdurchsage: „Bleiben Sie, wo Sie sind. Wir kommen sofort!"
Marie und Tim hüpfen vor Freude.

Kurze Zeit später hören sie einen Motor und dann sehen sie auch ein Boot. Es kommt näher und näher.

die Freude: wenn man sich freut

retten: in einer gefährlichen Situation helfen

06 Kapitel 6: Wo ist Paul?

Einige Minuten später ist Björn bei ihnen. Er hilft Marie und Tim in sein Boot. Sie haben beide keine Kraft mehr.

Kinder! Was macht ihr denn? Ihr dürft doch nicht allein ins Watt gehen! Das ist gefährlich.

Schimpfen kannst du später. Wir müssen Paul finden. Schnell!

Was? Ist noch jemand im Watt?

Ja. Paul. Er wollte durch den Priel schwimmen und dann hat ihn die Strömung weggetrieben.

Oh mein Gott. Wann war das?

Keine Ahnung. Vielleicht vor dreißig Minuten. Oder vierzig.

Die Tränen kommen. Aber sie beherrscht sich wieder. Sie will nicht weinen.

---

die Träne: Wasser, das aus den Augen kommt

Tim zeigt in die Richtung und Björn rast los. Jetzt sieht man kein Watt mehr. Überall ist Wasser.
Björns Boot ist super schnell. Die Kinder müssen sich gut festhalten, weil sie sonst ins Wasser fallen.
Keiner sagt etwas. Alle drei suchen nach Paul. Rechts, links, vorne, hinten. Nichts!

Björn nimmt sein Handy und telefoniert mit der Strandwache.

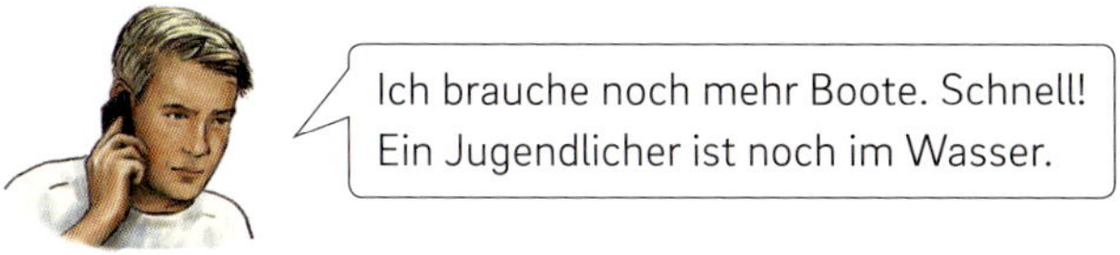

Kurze Zeit später sehen sie drei Motorboote. Alle vier Boote suchen nach Paul. Björn spricht mit den anderen über sein Handy.

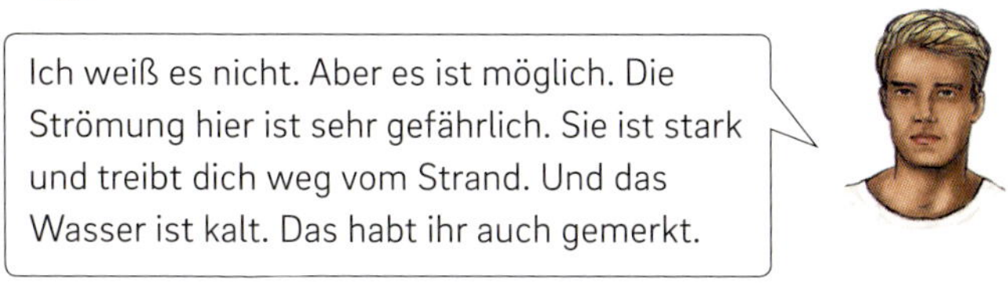

---

rasen: sehr schnell sein

die Strandwache: sie rettet Menschen aus dem Wasser

Sie fahren noch fünfzehn Minuten in die Richtung, in die Paul getrieben ist. Und auf einem anderen Weg zurück. Aber sie finden Paul nicht. Er ist weg.

In dem Moment klingelt Björns Handy.

Björn lacht von einem Ohr zum anderen.

---

aufgeben: nicht mehr weitermachen

Jetzt kann sich Marie nicht mehr beherrschen. Die Tränen fließen. Und Tim weint mit. Paul ist nichts passiert. Sie sind so super glücklich.

Björns Boot rast zurück zum Strand. Schon von Weitem sehen sie Paul winken. Marie und Tim winken zurück. Am Strand steigen sie aus dem Boot und fallen Paul in die Arme. Paul drückt beide fest an sich.

Tim erzählt von der Idee mit dem Spiegel und Paul erzählt von der Fähre.

---

der Kapitän: Chef auf einem Boot

die Fähre: Schiff mit Fahrgästen

Ich hatte großes Glück, denn ich hatte keine Kraft mehr. Dann kam ein Schiff. Der Kapitän hat mich gesehen und mitgenommen.

Jetzt geht ihr aber nicht mehr allein ins Watt.

Ganz sicher nicht.

Aber ich will doch die Seehunde sehen.

Es gibt Wattwanderungen mit Gruppen. Die leitet jemand, der das Meer und das Watt gut kennt.

Dann machen wir das. Am besten gleich morgen, okay Paul?

Marie, machst du mit?

Na klar.

Sie freuen sich alle drei.

---

die Wattwanderung: langer Spaziergang im Watt

leiten: Chef sein

Du verlierst die Wette mit Mama, oder?

Das glaube ich auch.

Was für eine Wette?

Marie hat mit Mama gewettet, dass sie den Urlaub an der Nordsee langweilig findet.

Björn lacht laut.

Um was habt ihr gewettet?

Wer verliert, muss am Ende die Ferienwohnung putzen.

Kein Problem. Da helfe ich dir gern.

Ach je. Dann ist ja noch nicht einmal das Putzen langweilig.

Die Wette hast du wohl total verloren!

Sie lachen alle vier und Marie, Paul und Tim freuen sich auf morgen, auf übermorgen und auf den ganzen Urlaub.

zu „Wer ist wer?“

1. Die Personen. Was ist richtig? Kreuze an.
   a Marie liebt Urlaub in Italien. ○
   b Paul liebt Abenteuer. ○
   c Tim ist fast nie gut drauf. ○
   d Zeynep ist die Mutter von Paul. ○
   e Björn arbeitet im Strandrestaurant. ○

2. Ergänze.
   a Das Klima im Norden ist gut für die .... (geLnu).
   b Ein .... (ungsettRimmwscher) hilft bei Problemen im Wasser.
   c Das Meer im Norden von Deutschland heißt .... (orNdese).

3. Warst du schon mal im Urlaub? Erzähle.
   a Wo warst du?
   (Im letzten Jahr war ich ... / Vor 3 Jahren waren wir ... / Im Sommer sind wir nach ... gefahren ...)
   b Wie war es?
   (... hat mir besonders gefallen / war langweilig / war sehr schön ... Besonders / Gar nicht gefallen hat mir ...)

1. Die Ankunft. Was passt? Ordne zu.

an • in • am • zur • an

a Papa ist .... Werkstatt gefahren.
b Marie würde lieber Urlaub .... Italien machen.
c Sie gehen .... den Strand.
d Das Klima .... Meer ist gut für Tims Lunge.
e Die Familie ist .... die Nordsee gefahren.

7 ## 2. Ebbe und Flut. Hör zu und verbinde.

a	Der Mond	1	wenn das Wasser weg ist.
b	Das Wasser	2	dreht sich um sich selbst.
c	Die Erde	3	der Meeresboden bei Ebbe.
d	Flut ist,	4	dreht sich um die Erde.
e	Ebbe ist,	5	wenn das Wasser am Strand ist.
f	Watt ist	6	wird vom Mond angezogen.

3. Noch einmal Ebbe und Flut. Etwas ist falsch. Korrigiere.

a Der Mond dreht sich um ~~sich selbst~~. .... die Erde
b Der Mond zieht das Watt an. ....
c Wenn das Wasser weg ist, haben wir Flut. ....
d Wenn das Wasser am Strand ist, haben wir Ebbe.

....

zu Kapitel 2

1. Was passt? Ordne zu.

denn • deshalb • weil • Wenn • aber

a Tim möchte bei Marie bleiben, ………… er Einkaufen langweilig findet.
b Paul kommt gleich, ………… möchte Marie an den Strand.
c Mama geht nicht zum Strand, ………… sie möchte in ein Museum gehen.
d Marie holt ihr Buch, ………… sie liest nicht.
e ………… Paul kommt, möchte Marie am Strand sein.

08 2. Hör zu und ergänze in der richtigen Form.

möchten • mögen • können • wollen

a Mama ………… gern in ein Museum gehen.
b Marie fragt: ………… ich hierbleiben und zum Strand gehen?
c Tim ………… auch zum Strand.
d Marie ………… ihren kleinen Bruder.

3. Bilde Sätze.

a dem vor Watt Kurz ein Schild Sand im steckt.

…………

b ist Ein Priel ein wie Fluss Watt im.

…………

c ist Strömung die Prielen In den stark sehr.

…………

zu Kapitel 3

9 **1. Bring die Sätze in die richtige Reihenfolge. Hör dann zur Kontrolle.**

- ◯ Marie möchte gern etwas sagen, aber sie weiß nicht was.
- ◯ Tim lässt Maries Hand los und rennt schneller.
- ◯ Marie und Paul gehen langsam weiter.
- ① Marie nimmt Tim und Paul an ihre beiden Hände.
- ◯ Marie und Paul bleiben allein zurück.
- ◯ Das macht Marie nervös.

2. Marie, Tim oder Paul? Wer sagt was? Ordne zu.

a Bei Ebbe laufen hier Menschen und bei Flut schwimmen Fische.
b Es ist schön, weil du da bist.
c Ich mag dein Grübchen.
d Meine Mutter sagt immer, dass Menschen mit Grübchen am Kinn glücklich sind.
e Bist du glücklich?
f Es tut so weh.
g Weißt du, wann die Flut kommt?

3. Ergänze die Verben in der richtigen Form.

berühren • humpeln • strömen • treten • loslassen • reflektieren

a Das Wasser .... durch die Priele.
b Das Watt .... die Sonne.
c Die Hände von Marie und Paul .... sich manchmal.

d Tim .... Maries Hand .... und rennt schneller.
e Bist du auf eine Muschel ....?
f Tim geht langsam und ....

zu Kapitel 4

1. Wie ist die richtige Reihenfolge?

Das Wasser geht den Kindern bis ...

○ zum Bauch.
○ zu den Oberschenkeln.
○ zu den Knien.
① zu den Knöcheln.
○ zu den Waden.

2. Paul geht in den Priel und schwimmt. Was passiert dann?

Die Strömung ....

....

....

zu Kapitel 5

1. Was ist richtig? Kreuze an.

a Marie weint nicht, weil ...
1 ○ ihr alles egal ist.
2 ○ sie sich beherrscht.

b Das Handy ist aus, weil ...
1 ○ der Akku leer ist.
2 ○ es nass und kaputt ist.

c Marie und Tim können Björn nicht sehen, weil ...
1 ○ der Strand zu weit weg ist.
2 ○ er nicht auf seinem Hochstuhl sitzt.

d Endlich haben sie eine gute Idee:
1 ○ Sie schwimmen durch den Priel.
2 ○ Sie reflektieren die Sonne mit dem Spiegel.

2. Das Morsezeichen für SOS. Was ist richtig?

– = lang / ● = kurz

a ●–● ●–● ●–● ○
b ––● ––● ––● ○
c ●●● ––– ●●● ○
d –– ●● –– ●● ○

zu Kapitel 6

1. Wichtige Regeln für das Wattenmeer. Ordne zu.

a	Nicht im Priel	1	Watt.
b	Geh nicht allein ins	2	Strömung.
c	Vorsicht wegen starker	3	langweilig ist.
d	Die Wattwanderung	4	schwimmen.
e	Wette nicht, dass die Nordsee	5	leitet jemand, der das Watt kennt.

2. Maries Postkarte an ihre Freundin Frieda. Ergänze.

Ebbe • machen • ertrunken • Flut (2x) • Grüße • Er • Hause bin • Nordsee

Liebe Frieda,
ich mache Urlaub an der .... (a). Es ist super! Hier gibt es Ebbe und .... (b). Bei .... (c) ist das Meer weg und bei .... (d) ist es direkt am Strand und man kann schwimmen. Stell dir vor: Ich wäre fast .... (e)! Wenn die Flut kommt, kommt das Wasser total schnell. Und wenn du nicht aufpasst, ertrinkst du. Das ist mir fast passiert! Und Paul. Das ist ein Junge. .... (f) ist toll. Ich glaube ... Nein, das erzähle ich lieber, wenn ich wieder zu .... (g). ☺

Wir müssen hier unbedingt mal zusammen Urlaub .... (h).
Liebe .... (i)
Deine Marie

„Wer ist wer?“
1. a, b
2. a Lunge, b Rettungsschwimmer, c Nordsee
3. *individuelle Lösung*

Kapitel 1
1. a zur, b in, c an, d am, e an
2. a4, b6, c2, d5, e1, f3
3. a die Erde, b das Wasser, c Ebbe, d Flut

Kapitel 2
1. a weil, b deshalb, c denn, d aber, e Wenn
2. a möchte, b Kann, c will, d mag
3. a Kurz vor dem Watt steckt ein Schild im Sand. b Ein Priel ist wie ein Fluss im Watt. c In den Prielen ist die Strömung sehr stark.

Kapitel 3
1. 5, 2, 4, 1, 3, 6
2. Marie: c, e, g, Tim: a, f, Paul: b, d
3. a strömt, b reflektiert, c berühren, d lässt, los, e getreten, f humpelt

Kapitel 4
1. 5, 4, 3, 1, 2
2. *individuelle Lösung*

Kapitel 5
1. a2, b2, c1, d2
2. c

Kapitel 6
1. a4, b1, c2, d5, e3
2. a Nordsee, b Flut, c Ebbe, d Flut, e ertrunken, f Er, g Hause bin, h machen, i Grüße